Derechos fundamentales de la Unión Europea

avanza editorial

Editado por:
EDITORIAL FAE, S.L.U.
Correo electrónico: editorial@editorialfae.com

Derechos fundamentales de la Unión Europea
María Victoria González Aranda

1ª Edición

Se ha puesto el máximo empeño en ofrecer a la persona lectora una información completa y precisa. Sin embargo, Editorial FAE, S.L.U. no asume ninguna responsabilidad derivada de su uso ni tampoco de cualquier violación de patentes ni otros derechos de terceras partes que pudieran ocurrir. Esta publicación tiene por objeto proporcionar unos conocimientos precisos y acreditados sobre el tema tratado. Su venta no supone para el editor ninguna forma de asistencia legal, administrativa o de ningún otro tipo.

ISBN: 978-84-1135-353-3

Impreso en España

Índice

Derechos fundamentales de la Unión Europea

Aplicaciones prácticas

Ejercicio de evaluación final

Solucionario

Bibliografía

Índice

Derechos fundamentales de la Unión Europea

Introducción

La Carta de los Derechos Fundamentales de la Unión Europea es el instrumento jurídico que consolida y protege los derechos, libertades y principios fundamentales dentro del marco del Derecho de la Unión. Proclamada en el año 2000 y con fuerza vinculante desde la entrada en vigor del Tratado de Lisboa en 2009, la Carta representa un referente central para la protección de la persona, reforzando la dimensión social, democrática y jurídica del proyecto europeo.

La Carta se organiza en siete títulos que permiten una presentación sistemática y coherente de los derechos reconocidos, abarcando tanto los derechos civiles y políticos como los derechos económicos y sociales, así como garantías institucionales y procesales. Esta estructura facilita su comprensión y aplicación por parte de las instituciones europeas, los Estados miembros y los ciudadanos.

Además, el Tratado de Lisboa vincula la Carta a los valores fundamentales de la Unión Europea, recogidos en el artículo 2 del TUE —como la dignidad humana, la libertad, la democracia, la igualdad y el Estado de Derecho— integrando los derechos fundamentales como uno de los pilares esenciales del proyecto europeo. De este modo, la Carta no solo protege derechos individuales y colectivos, sino que también refleja los principios que sostienen la cohesión, la justicia y la solidaridad en la Unión.

Se presentan los siete títulos de la Carta, detallando los derechos y principios que cada uno protege, junto con ejemplos que permiten comprender su aplicación práctica en la vida de los ciudadanos y en el funcionamiento de la Unión Europea.

Objetivos

- Conocer los antecedentes históricos, la proclamación de 2000 y la incorporación al Derecho de la Unión mediante el Tratado de Lisboa.
- Analizar el artículo 6.1 del TUE y su relación con los Tratados y los valores fundamentales de la Unión Europea.
- Diferenciar cuándo es obligatoria para las instituciones de la UE y para los Estados miembros, comprendiendo los límites de su aplicación.
- Aplicar los criterios de legalidad, proporcionalidad, respeto al contenido esencial y protección de derechos ajenos.
- Identificar los derechos, libertades y principios de cada uno de los siete títulos.
- Relacionar los derechos reconocidos con casos concretos, jurisprudencia y ejemplos de la vida diaria de los ciudadanos y la actuación de las instituciones europeas.
- Comprender cómo los derechos fundamentales refuerzan la cohesión, la justicia, la democracia y la solidaridad en la Unión Europea.

1. La carta de derechos fundamentales de la Unión Europea

La Carta de Derechos Fundamentales de la Unión Europea (CDFUE) constituye el instrumento central y sistematizador del catálogo de derechos fundamentales en el ordenamiento jurídico de la Unión Europea. Su adopción responde a la necesidad de dotar a la Unión de un marco propio y explícito de protección de derechos, acorde con el grado de integración alcanzado y con la progresiva ampliación de sus competencias en ámbitos que afectan directamente a los derechos de las personas.

La Carta fue proclamada solemnemente el 7 de diciembre de 2000 en Niza por el Parlamento Europeo, el Consejo y la Comisión. En su origen, la Carta tenía un valor meramente declarativo, careciendo de fuerza jurídica vinculante.

No obstante, su proclamación supuso un hito relevante, ya que por primera vez la Unión Europea recopilaba de forma ordenada los derechos fundamentales reconocidos en su ámbito de actuación.

El proceso de elaboración de la Carta se llevó a cabo mediante una Convención, integrada por representantes de los Estados miembros, del Parlamento Europeo, de la Comisión y de los parlamentos nacionales, lo que le otorgó una especial legitimidad democrática y plural.

La verdadera transformación de la Carta se produjo con la entrada en vigor del Tratado de Lisboa el 1 de diciembre de 2009, momento a partir del cual la CDFUE adquirió carácter jurídicamente vinculante, con el mismo valor que los Tratados constitutivos de la Unión Europea.

Desde el Tratado de Lisboa, la Carta forma parte del Derecho primario de la Unión Europea, situándose en la cúspide del ordenamiento jurídico europeo. Esto implica que:

- Es directamente aplicable en el ámbito de la Unión Europea.
- Vincula a las instituciones, órganos y organismos de la UE.
- Sirve como parámetro de validez del Derecho derivado (reglamentos, directivas y decisiones).

 **Anotación**

La Carta no crea un sistema de derechos independiente de los Estados miembros, sino que complementa y refuerza la protección existente, actuando como un estándar común mínimo en el espacio jurídico europeo.

La Carta de Derechos Fundamentales reúne, en un solo texto, derechos civiles, políticos, económicos y sociales que derivan de diversas fuentes jurídicas consolidadas, entre las que destacan:

- Las tradiciones constitucionales comunes de los Estados miembros, que han servido históricamente como fuente de inspiración del TJUE en su labor de reconocimiento y protección de los derechos fundamentales como principios generales del Derecho de la Unión Europea.
- El Convenio Europeo de Derechos Humanos (CEDH) y la jurisprudencia del Tribunal Europeo de Derechos Humanos, que han ejercido una influencia decisiva en la configuración del catálogo de derechos y en su interpretación.
- La jurisprudencia del Tribunal de Justicia de la Unión Europea (TJUE), que, incluso antes de la Carta, ya había reconocido derechos fundamentales como principios generales del Derecho de la Unión Europea.
- Otros tratados internacionales de derechos humanos, como la Carta Social Europea y diversos convenios de Naciones Unidas, especialmente en materia de derechos sociales, igualdad y protección de colectivos vulnerables.

Esta pluralidad de fuentes confiere a la Carta un carácter integrador y transversal, reflejo de la evolución histórica y jurídica de la protección de los derechos fundamentales en Europa.

Fig. 1. La finalidad principal de la CDFUE es garantizar un nivel elevado y uniforme de protección de los derechos fundamentales en el ámbito de actuación de la Unión Europea

En particular, la Carta persigue:

- Reforzar la seguridad jurídica, al ofrecer un catálogo claro y accesible de derechos.
- Aumentar la visibilidad de los derechos fundamentales para la ciudadanía europea.
- Garantizar que la acción de la Unión y de los Estados miembros, cuando aplican Derecho de la UE, se desarrolle con pleno respeto a los derechos fundamentales.
- Consolidar los valores fundamentales de la Unión, como la dignidad humana, la libertad, la igualdad, la solidaridad, la democracia y el Estado de Derecho.

La Carta introduce importantes novedades respecto a los instrumentos clásicos de protección de derechos:

- Integra derechos de tercera generación, como la protección de datos personales o el derecho a una buena administración.
- Otorga un espacio relevante a los derechos sociales, tradicionalmente menos desarrollados en el ámbito europeo.
- Adopta una estructura temática por títulos, superando la división clásica entre derechos civiles y políticos, por un lado, y derechos económicos y sociales, por otro.

Además de su valor normativo, la Carta cumple una función esencial como criterio de interpretación del Derecho de la Unión. El TJUE utiliza de manera constante sus disposiciones para:

- Interpretar el Derecho derivado conforme a los derechos fundamentales.
- Controlar la legalidad de los actos de las instituciones europeas.
- Garantizar un equilibrio adecuado entre la integración europea y la protección de los derechos individuales.

2. Art. 6.1 tras el tratado de Lisboa 2007

El artículo 6.1 del Tratado de la Unión Europea (TUE) adquiere una relevancia fundamental tras la entrada en vigor del Tratado de Lisboa, firmado en 2007 y vigente desde el 1 de diciembre de 2009, al consolidar el papel de los derechos fundamentales dentro del ordenamiento jurídico de la Unión Europea.

Mediante esta reforma, la Unión Europea da un paso decisivo en la constitucionalización de los derechos fundamentales, al reconocer expresamente el valor jurídico de la Carta de los Derechos Fundamentales de la Unión Europea.

El artículo 6.1 del Tratado de la Unión Europea establece:

«La Unión Europea reconoce los derechos, libertades y principios enunciados en la Carta de los Derechos Fundamentales de la Unión Europea, de 7 de diciembre de 2000, tal como fue adaptada el 12 de diciembre de 2007 en Estrasburgo, la cual tendrá el mismo valor jurídico que los Tratados».

Esta disposición supone un cambio cualitativo en la protección de los derechos fundamentales en el ámbito europeo.

Antes del Tratado de Lisboa, la Carta de los Derechos Fundamentales tenía un carácter meramente declarativo, sin fuerza jurídica vinculante. Aunque era utilizada como referencia interpretativa por el Tribunal de Justicia de la Unión Europea, no formaba parte del Derecho originario de la UE.

Con la entrada en vigor del Tratado de Lisboa, el artículo 6.1 TUE eleva la Carta al máximo rango normativo, otorgándole el mismo valor jurídico que los Tratados constitutivos, lo que implica que:

- La Carta pasa a ser jurídicamente vinculante.
- Forma parte del Derecho primario de la Unión Europea.
- Es de obligado cumplimiento para las instituciones de la Unión Europea y para los Estados miembros cuando aplican Derecho de la UE.

Anotación

El reconocimiento contenido en el artículo 6.1 no crea nuevas competencias para la Unión Europea, sino que refuerza la protección de los derechos fundamentales dentro del marco competencial ya existente.

Este precepto garantiza que toda actuación de la Unión Europea:

- Respete los derechos, libertades y principios recogidos en la Carta.
- Sea susceptible de control jurisdiccional por parte del Tribunal de Justicia de la Unión Europea en caso de vulneración de dichos derechos.

Fig. 2. El artículo 6.1 TUE convierte a la Carta en un parámetro esencial de legalidad del Derecho de la Unión Europea

La inclusión expresa de la Carta en el artículo 6.1 TUE supone:

- Un reforzamiento del Estado de Derecho en la Unión Europea.
- Una mayor seguridad jurídica para la ciudadanía europea.
- La consolidación de un sistema de protección de derechos comparable al de los ordenamientos constitucionales nacionales.

Además, el Tratado de Lisboa vincula la Carta a los valores fundamentales de la Unión Europea recogidos en el artículo 2 TUE, integrando los derechos fundamentales como uno de los pilares esenciales del proyecto europeo.

El artículo 6.1 TUE se complementa con otros apartados del mismo artículo, especialmente con:

- El reconocimiento de los derechos fundamentales como principios generales del Derecho de la Unión Europea.
- La referencia al Convenio Europeo de Derechos Humanos (CEDH) como marco de inspiración.

No obstante, es el apartado primero el que otorga a la Carta su plena eficacia jurídica, convirtiéndola en el principal catálogo de derechos fundamentales de la Unión Europea.

Además, la plena eficacia de la Carta según el artículo 6.1 TUE permite:

- **Control judicial efectivo:** cualquier ciudadano puede invocar la Carta ante tribunales nacionales o europeos siempre que se aplique Derecho de la UE.
- **Homogeneización de derechos:** asegura que los Estados miembros respeten estándares comunes de protección de derechos fundamentales, evitando disparidades significativas.
- **Interpretación vinculante:** el TJUE utiliza la Carta como referente obligatorio para interpretar actos de la UE y legislaciones nacionales que desarrollen Derecho europeo.

- **Prevención de conflictos normativos:** la Carta sirve como guía para legisladores y administraciones, evitando que nuevas normas europeas o nacionales vulneren derechos fundamentales.

Con ello, el artículo 6.1 no solo otorga rango jurídico a la Carta, sino que también la convierte en herramienta práctica y operativa para garantizar la protección efectiva de los derechos fundamentales en toda la Unión Europea.

3. Aplicación de la carta de derechos fundamentales

La Carta de los Derechos Fundamentales de la Unión Europea no solo reconoce un amplio catálogo de derechos, libertades y principios, sino que también establece de forma expresa su ámbito de aplicación, determinando a quién obliga y en qué circunstancias debe ser respetada. Esta delimitación resulta esencial para comprender el alcance real de la protección de los derechos fundamentales en el marco del Derecho de la Unión Europea.

La aplicación de la Carta viene definida principalmente en su artículo 51, que establece los destinatarios de sus disposiciones.

En primer lugar, la Carta es plenamente aplicable a las instituciones, órganos y organismos de la Unión Europea, que están obligados a respetar los derechos fundamentales en el ejercicio de todas sus competencias. Cualquier acto normativo, administrativo o decisorio adoptado por la Unión Europea debe ser conforme con los derechos reconocidos en la Carta.

En segundo lugar, la Carta también vincula a los Estados miembros, pero únicamente cuando aplican el Derecho de la Unión Europea. Esto significa que los Estados no están sometidos a la Carta en toda su actuación interna, sino solo en aquellos supuestos en los que actúan dentro del ámbito de aplicación del Derecho de la UE.

La Carta no sustituye a los catálogos nacionales de derechos fundamentales ni amplía por sí misma las competencias de la Unión Europea. Su aplicación a los Estados miembros se produce cuando estos:

- Ejecutan o transponen normativa europea.
- Aplican reglamentos, directivas o decisiones de la Unión.
- Actúan en ámbitos regulados por el Derecho de la UE.

Fig. 3. En estos casos, los Estados miembros deben respetar los derechos y principios recogidos en la Carta, y sus actuaciones pueden ser controladas por los tribunales nacionales y, en última instancia, por el Tribunal de Justicia de la Unión Europea (TJUE)

Un aspecto esencial de la aplicación de la Carta es el principio, también recogido en el artículo 51, según el cual la Carta no crea nuevas competencias ni nuevas funciones para la Unión Europea.

Esto implica que:

- La Carta no puede utilizarse para justificar una intervención de la Unión en ámbitos que no le hayan sido atribuidos por los Tratados.
- Su función es garantizar la protección de los derechos fundamentales dentro del marco competencial ya existente.

Este principio refuerza el equilibrio entre la Unión Europea y los Estados miembros y evita una expansión indebida de las competencias de la UE a través de la protección de derechos.

La aplicación efectiva de la Carta se garantiza mediante el control jurisdiccional. El Tribunal de Justicia de la Unión Europea desempeña un papel central en la interpretación y aplicación de la Carta, asegurando su respeto en todas las actuaciones de la Unión y de los Estados miembros cuando aplican Derecho europeo.

Asimismo, los tribunales nacionales están obligados a:

- Interpretar el Derecho interno conforme a la Carta cuando se aplica Derecho de la Unión Europea.
- Dejar sin aplicación aquellas normas nacionales que vulneren derechos fundamentales reconocidos en la Carta, en el ámbito de competencia de la UE.

La aplicación de la Carta se articula de manera complementaria con los sistemas nacionales de protección de derechos y con el Convenio Europeo de Derechos Humanos (CEDH).

Anotación

La Carta no sustituye a los derechos fundamentales reconocidos por las constituciones nacionales, sino que establece un nivel común mínimo de protección en el ámbito del Derecho de la Unión. Cuando existan varios niveles de protección, deberá aplicarse aquel que resulte más favorable para la persona, siempre que no se comprometa la primacía y la eficacia del Derecho de la Unión Europea.

La delimitación del ámbito de aplicación de la Carta permite garantizar una protección eficaz de los derechos fundamentales sin alterar el reparto competencial entre la Unión Europea y los Estados miembros. De este modo, la Carta se convierte en un instrumento esencial para:

- Proteger a la ciudadanía frente a actuaciones contrarias a los derechos fundamentales en el ámbito europeo.
- Reforzar la legitimidad democrática de la Unión Europea.
- Garantizar la coherencia y unidad del ordenamiento jurídico de la Unión.

A continuación, se expone un caso práctico resuelto sobre la validez de una norma europea frente a la Carta.

El Parlamento Europeo aprueba una directiva sobre comercio digital que exige a todas las plataformas online recopilar datos de comportamiento de los usuarios. Una ONG denuncia que la directiva vulnera derechos fundamentales y pide que se declare nula ante el Tribunal de Justicia de la Unión Europea (TJUE).

- ¿Qué papel juega la Carta de los Derechos Fundamentales en este caso?
- ¿Qué criterios debe aplicar el TJUE para decidir sobre la validez de la directiva?
- ¿Qué efecto tendría una declaración de nulidad sobre los Estados miembros?

La resolución sería la siguiente:

La Carta sirve como referente jurídico vinculante para evaluar la compatibilidad de los actos legislativos de la UE con los derechos fundamentales.

Aunque la directiva no trate un derecho específico de los 7 títulos, debe respetar los principios generales de derechos fundamentales, como la protección de la vida privada y la proporcionalidad de la actuación legislativa.

Los criterios del TJUE son:
- Verificar si la norma respeta los derechos fundamentales y los valores de la Unión (artículo 2 TUE).
- Analizar si la norma es proporcionada, es decir, si los objetivos perseguidos no se pueden alcanzar mediante medios menos restrictivos para los ciudadanos.
- Determinar si la norma respeta el contenido esencial de los derechos de la Carta.

Los efectos sobre los Estados miembros son:
- Si el TJUE declara la directiva nula, los Estados miembros no están obligados a aplicarla.
- La decisión refuerza la primacía de los derechos fundamentales sobre actos legislativos de la UE que vulneren la Carta.

Para concluir, este caso demuestra que la Carta tiene un valor vinculante incluso sobre actos legislativos de la UE y funciona como mecanismo de control para garantizar que todas las normas europeas respeten los valores y derechos fundamentales, aunque no se refieran a un título específico.

4. Límites a los derechos y libertades de la carta

Los derechos y libertades reconocidos en la Carta de los Derechos Fundamentales de la Unión Europea no tienen carácter absoluto. Como ocurre en los ordenamientos constitucionales de los Estados miembros, su ejercicio puede estar sujeto a límites, siempre que estos respeten determinadas garantías y principios.

Fig. 4. La propia Carta establece las condiciones bajo las cuales pueden imponerse tales limitaciones, garantizando un equilibrio entre la protección de los derechos fundamentales y otros intereses generales reconocidos por la Unión Europea

El régimen de límites a los derechos y libertades de la Carta se encuentra regulado principalmente en su artículo 52.1, que establece el marco general aplicable a cualquier restricción.

Según este precepto, toda limitación al ejercicio de los derechos y libertades reconocidos por la Carta deberá:

- Estar prevista por la ley.
- Respetar el contenido esencial del derecho o libertad afectado.
- Ser proporcionada y necesaria.
- Responder a objetivos de interés general reconocidos por la Unión o a la necesidad de proteger los derechos y libertades de los demás.

Estas exigencias actúan como garantías frente a posibles restricciones arbitrarias o desproporcionadas.

Uno de los límites fundamentales a la actuación de los poderes públicos es el respeto al contenido esencial de los derechos y libertades. Esto implica que, aunque un derecho pueda ser objeto de limitaciones, no puede vaciarse de contenido ni desaparecer en la práctica.

 **Anotación**

El respeto al contenido esencial garantiza que los derechos reconocidos en la Carta mantengan su eficacia real y no se conviertan en meras declaraciones formales.

El principio de proporcionalidad constituye un elemento clave en la delimitación de los derechos fundamentales. Toda limitación debe ser:

- Adecuada para alcanzar el objetivo perseguido.
- Necesaria, es decir, no existir una medida menos restrictiva igualmente eficaz.
- Proporcionada en sentido estricto, de modo que el sacrificio del derecho no sea excesivo en relación con el beneficio obtenido.

Este principio permite ponderar los derechos fundamentales frente a otros intereses legítimos, evitando restricciones innecesarias o excesivas.

 **Saber más**

La Carta admite la limitación de derechos cuando sea necesaria para alcanzar objetivos de interés general reconocidos por la Unión Europea, como la seguridad, el orden público, la salud pública o el funcionamiento del mercado interior.

Asimismo, los derechos pueden limitarse para garantizar la protección de los derechos y libertades de otras personas, lo que refleja la necesidad de convivencia y equilibrio entre los distintos derechos fundamentales.

El artículo 52 de la Carta establece también que los derechos reconocidos por esta que deriven de los Tratados de la Unión se ejercerán en las condiciones y dentro de los límites definidos por dichos Tratados.

Por otro lado, cuando la Carta reconozca derechos que correspondan a derechos garantizados por las constituciones nacionales, su interpretación deberá ser coherente con las tradiciones constitucionales comunes de los Estados miembros.

La Carta establece una relación directa con el Convenio Europeo de Derechos Humanos (CEDH) en materia de límites a los derechos. Cuando los derechos reconocidos en la Carta correspondan a derechos garantizados por el CEDH, su significado y alcance serán iguales a los establecidos por dicho Convenio, sin perjuicio de que el Derecho de la Unión Europea pueda otorgar una protección más amplia.

Este principio contribuye a la armonización de los sistemas europeos de protección de los derechos fundamentales.

 **Anotación**

La existencia de límites no debilita la protección de los derechos fundamentales, sino que permite su aplicación equilibrada y efectiva dentro de una sociedad democrática. Los límites garantizan la convivencia entre derechos, la protección del interés general y el respeto al Estado de Derecho.

En este sentido, la Carta establece un sistema de protección sólido, basado en el respeto a los derechos fundamentales, pero compatible con las exigencias propias de una Unión Europea plural y compleja.

5. Contenido de la carta de derechos fundamentales

La Carta de los Derechos Fundamentales de la Unión Europea se estructura en siete títulos, lo que permite una ordenación sistemática, clara y coherente de los derechos, libertades y principios reconocidos por la Unión Europea. Esta organización facilita su comprensión, interpretación y aplicación práctica tanto por parte de las instituciones europeas como de los Estados miembros y de la ciudadanía.

La estructura de la Carta responde a una concepción moderna e integradora de los derechos fundamentales, superando la tradicional separación entre derechos civiles y políticos, por un lado, y derechos económicos y sociales, por otro. De este modo, la Carta incorpora en un mismo texto derechos de distinta naturaleza, reflejando la evolución del constitucionalismo europeo y el carácter social y democrático de la Unión Europea.

Asimismo, la Carta no se limita a proclamar derechos individuales, sino que incluye principios rectores, derechos de carácter colectivo y garantías institucionales y procesales, esenciales para asegurar la efectividad real de los derechos fundamentales. Esta combinación refuerza el papel de la Carta como instrumento jurídico completo y equilibrado.

La distribución en títulos permite agrupar los derechos en función de los valores fundamentales de la Unión Europea, como la dignidad humana, la libertad, la igualdad, la solidaridad, la ciudadanía y la justicia, culminando con un título dedicado a las disposiciones generales que regulan su interpretación y aplicación. Por lo tanto, la Carta se configura como un texto de referencia esencial para la protección de los derechos fundamentales en el ámbito del Derecho de la Unión Europea.

5.1. Título I– Dignidad

El Título I sitúa la dignidad humana como valor supremo y fundamento del conjunto de derechos reconocidos en la Carta. La dignidad es considerada inviolable y constituye el eje central sobre el que se articula la protección de la persona en el ordenamiento jurídico de la Unión Europea.

Este título reconoce derechos esenciales que protegen la integridad física, psíquica y moral de la persona, entre los que destacan:

- El derecho a la vida, entendido como la protección básica de la existencia humana.
- El derecho a la integridad física y psíquica, que incluye el respeto a la persona en el ámbito de la medicina y la biología, prohibiendo prácticas como la clonación reproductiva de seres humanos.
- La prohibición absoluta de la tortura y de las penas o tratos inhumanos o degradantes, sin posibilidad de excepción.
- La prohibición de la esclavitud, la servidumbre y el trabajo forzoso, así como de la trata de seres humanos.

Este título garantiza la protección de la persona frente a las formas más graves de vulneración de los derechos fundamentales.

La prohibición de la tortura implica que ningún Estado miembro puede justificar tratos degradantes a personas privadas de libertad cuando actúa en el marco del Derecho de la Unión, como en procedimientos de detención relacionados con la cooperación judicial europea.

5.2. Título II – Libertades

El Título II recoge un amplio conjunto de libertades individuales y colectivas, esenciales para el libre desarrollo de la personalidad y para el funcionamiento de una sociedad democrática.

Entre las libertades más relevantes se incluyen:

- El derecho a la libertad y a la seguridad, que protege frente a detenciones o privaciones de libertad arbitrarias.
- El respeto a la vida privada y familiar, al domicilio y a las comunicaciones.
- El derecho a la protección de los datos personales, que reconoce el control de la persona sobre el uso de su información.
- La libertad de pensamiento, conciencia y religión, incluyendo la libertad de manifestar creencias.
- La libertad de expresión e información, esencial para el pluralismo democrático.
- La libertad de reunión y asociación, incluida la libertad sindical.
- El derecho a la educación, con respeto a las convicciones de los padres.
- La libertad profesional y el derecho a trabajar, así como la libertad de empresa.
- El derecho a la propiedad, garantizando su función social.

Este título refleja la protección de las libertades clásicas, adaptadas al contexto de la Unión Europea.

El derecho a la protección de datos personales se aplica, por ejemplo, cuando una institución europea o una empresa que actúa en el marco del Derecho de la UE debe garantizar que los datos de los ciudadanos se traten de forma lícita, transparente y segura.

A continuación, se expone un caso práctico resuelto sobre una empresa multinacional con sede en un Estado miembro de la UE recopila información personal de ciudadanos europeos para enviar publicidad personalizada. Uno de los clientes reclama que sus datos fueron tratados sin su consentimiento y solicita la intervención de la autoridad nacional de protección de datos.

- ¿Qué derechos de la Carta están implicados en este caso?
- ¿Qué instituciones pueden intervenir para proteger estos derechos?
- ¿Qué principios debe aplicar la empresa para cumplir con la Carta?

La resolución sería la siguiente:

Derechos implicados:
- Derecho a la protección de datos de carácter personal.
- Derecho a la vida privada y familiar.

Instituciones competentes:
- La autoridad nacional de protección de datos del Estado miembro donde reside el cliente.
- En caso de conflicto con la legislación de la UE, el Tribunal de Justicia de la Unión Europea (TJUE) puede intervenir.

Principios que debe aplicar la empresa:
- Consentimiento explícito del titular de los datos antes de su tratamiento.
- Finalidad legítima del tratamiento de datos (no usarlos para fines distintos a los autorizados).
- Transparencia y seguridad, garantizando que los datos no se compartan de forma indebida.
- Cumplimiento de la proporcionalidad, limitando el tratamiento solo a lo necesario.

En conclusión, la empresa vulnera la Carta si no respeta el consentimiento, la finalidad y la seguridad de los datos personales. El cliente tiene derecho a reclamar y la autoridad nacional debe garantizar la protección de sus derechos. Este caso demuestra cómo la

Carta se aplica directamente cuando un Estado miembro implementa el Derecho de la UE y cómo protege los derechos individuales frente a entidades privadas.

5.3. Título III – Igualdad

El Título III desarrolla el principio de igualdad como uno de los valores fundamentales del proyecto europeo. Este título no se limita a proclamar la igualdad formal, sino que promueve una igualdad real y efectiva entre todas las personas.

Incluye, entre otros, los siguientes derechos y principios:

- La igualdad ante la ley, sin distinciones arbitrarias.
- La prohibición de discriminación por motivos como sexo, raza, origen étnico o social, lengua, religión, opiniones, discapacidad, edad u orientación sexual.
- La igualdad entre mujeres y hombres, que debe garantizarse en todos los ámbitos, incluido el empleo y la retribución.
- Los derechos del menor, atendiendo a su interés superior.
- Los derechos de las personas mayores, fomentando su participación en la vida social.
- La integración de las personas con discapacidad, asegurando su autonomía y participación.

Este título refuerza el carácter inclusivo y socialmente avanzado de la Unión Europea.

Una normativa nacional que aplique una directiva europea no puede establecer diferencias salariales entre mujeres y hombres que desempeñen el mismo trabajo, ya que vulneraría el principio de igualdad reconocido en la Carta.

5.4. Título IV – Solidaridad

El Título IV introduce derechos y principios de carácter económico, social y laboral, vinculados a la idea de solidaridad y cohesión social. Supone un avance significativo en el reconocimiento de derechos sociales a nivel europeo.

Entre los principales contenidos de este título destacan:

- El derecho a la información y consulta de los trabajadores en la empresa.
- El derecho de negociación colectiva y de acción colectiva, incluida la huelga.
- El derecho a condiciones de trabajo justas y equitativas, que garanticen la dignidad del trabajador.
- La protección en caso de despido injustificado.
- La prohibición del trabajo infantil y la protección de los jóvenes en el trabajo.
- La conciliación de la vida familiar y profesional, con especial atención a la maternidad y paternidad.
- El derecho a la seguridad social y a la asistencia social.
- El derecho a la protección de la salud.
- El acceso a los servicios de interés económico general.
- La protección del medio ambiente y de los consumidores.

Este título refleja la dimensión social de la Unión y su compromiso con el bienestar de la ciudadanía.

El derecho a condiciones de trabajo justas se aplica, por ejemplo, cuando una empresa que opera en varios Estados miembros debe respetar los límites de jornada laboral establecidos por la normativa europea para proteger la salud de los trabajadores.

5.5. Título V – Ciudadanía

El Título V recoge los derechos vinculados a la ciudadanía de la Unión Europea, fortaleciendo la participación democrática y la relación directa entre la Unión y sus ciudadanos.

Incluye, entre otros, los siguientes derechos:

- El derecho de sufragio activo y pasivo en las elecciones al Parlamento Europeo y en las elecciones municipales del Estado de residencia.
- El derecho a una buena administración, que exige imparcialidad, equidad y transparencia en la actuación de las instituciones.
- El derecho de acceso a los documentos de las instituciones europeas.
- El derecho a dirigirse al Defensor del Pueblo Europeo.
- El derecho de petición ante el Parlamento Europeo.
- La libertad de circulación y residencia dentro del territorio de los Estados miembros.
- El derecho a la protección diplomática y consular en terceros países.

Este título refuerza la dimensión política y participativa de la ciudadanía europea.

Un ciudadano español residente en otro Estado miembro puede votar y presentarse como candidato en las elecciones municipales de su lugar de residencia, en igualdad de condiciones con los nacionales de ese Estado.

5.6. Título VI – Justicia

El Título VI garantiza los derechos fundamentales relacionados con la administración de justicia y la tutela judicial efectiva, pilares esenciales del Estado de Derecho.

Entre los derechos reconocidos destacan:

- El derecho a la tutela judicial efectiva y a un juez independiente e imparcial.
- El derecho a un proceso equitativo, público y en un plazo razonable.
- El derecho a la presunción de inocencia.
- Los derechos de la defensa, incluido el derecho a ser oído.
- Los principios de legalidad y proporcionalidad de los delitos y las penas.
- El derecho a no ser juzgado ni sancionado dos veces por los mismos hechos (*non bis in idem*).

Este título asegura garantías procesales comunes en todo el ámbito de la Unión.

En un procedimiento penal con dimensión europea, una persona no puede ser juzgada dos veces por los mismos hechos en distintos Estados miembros si ya ha recaído una resolución firme, conforme al principio *non bis in idem*.

A continuación, se expone un caso práctico resuelto sobre Juan, ciudadano de un Estado miembro, es acusado de fraude en transacciones comerciales con implicaciones transfronterizas dentro de la UE. Durante la investigación, la autoridad judicial del país comparte públicamente información sobre la acusación antes de que se celebre el juicio. Juan considera que se ha vulnerado su derecho a un juicio justo y a la presunción de inocencia.

Derechos de la Carta implicados:
- Derecho a la tutela judicial efectiva.
- Derecho a un proceso equitativo y público.
- Presunción de inocencia.

La difusión pública de la acusación antes del juicio puede afectar la imparcialidad del tribunal y la reputación de Juan, vulnerando su derecho a ser considerado inocente hasta que se demuestre lo contrario y su derecho a un proceso justo.

Intervención de las instituciones europeas:

- Juan puede recurrir a los tribunales nacionales amparándose en la Carta de los Derechos Fundamentales, que es vinculante para los Estados cuando aplican Derecho de la UE.
- Si la cuestión implica interpretación de normas europeas, puede elevarse al Tribunal de Justicia de la Unión Europea (TJUE) para garantizar la aplicación correcta de la Carta.

El tribunal nacional debe asegurar que el juicio se celebre de manera imparcial, sin presiones externas y respetando la presunción de inocencia.

Se adoptan medidas como la confidencialidad en ciertas fases del proceso o limitaciones a la difusión pública de información judicial.

En conclusión, este caso muestra cómo la Carta protege derechos fundamentales en procedimientos judiciales y garantiza que los ciudadanos puedan defenderse ante acusaciones dentro de la UE, asegurando igualdad, justicia y respeto de los derechos humanos incluso en procedimientos complejos y transfronterizos.

5.7. Título VII – Disposiciones generales

El Título VII contiene las normas que regulan la interpretación, aplicación y alcance de la Carta, garantizando su coherencia dentro del ordenamiento jurídico de la Unión Europea.

Entre sus aspectos más relevantes se encuentran:

- La determinación del ámbito de aplicación de la Carta.
- El principio de no ampliación de competencias de la Unión.
- Las reglas sobre los límites al ejercicio de los derechos y libertades.
- La relación de la Carta con el Convenio Europeo de Derechos Humanos.
- La referencia a las tradiciones constitucionales comunes de los Estados miembros.

- La obligación de interpretar los derechos de la Carta de manera coherente con los Tratados.

Este título asegura una aplicación uniforme, equilibrada y jurídicamente segura de la Carta.

La Carta no puede invocarse para obligar a un Estado miembro a aplicar un derecho fundamental en un ámbito puramente interno sin conexión con el Derecho de la Unión, ya que ello supondría una ampliación indebida de las competencias de la UE.

Resumen

La Carta de los Derechos Fundamentales de la Unión Europea es el principal instrumento de reconocimiento y protección de los derechos fundamentales en el ámbito de la Unión. Fue proclamada en el año 2000 y reúne en un único texto los derechos derivados de los Tratados, del Convenio Europeo de Derechos Humanos, de las tradiciones constitucionales comunes y de la jurisprudencia del Tribunal de Justicia de la Unión Europea. Su finalidad es reforzar la protección de la persona y dotar de coherencia y visibilidad al sistema europeo de derechos fundamentales.

El artículo 6.1 del Tratado de la Unión Europea, tras el Tratado de Lisboa, reconoce a la Carta el mismo valor jurídico que los Tratados. Con ello, la Carta adquiere carácter jurídicamente vinculante y pasa a formar parte del Derecho primario de la Unión Europea. Este reconocimiento consolida la protección de los derechos fundamentales y convierte a la Carta en un parámetro esencial de legalidad para las actuaciones de la Unión.

La Carta se aplica a las instituciones, órganos y organismos de la Unión Europea en todas sus actuaciones, y a los Estados miembros únicamente cuando aplican Derecho de la Unión. No amplía las competencias de la UE ni sustituye a los sistemas nacionales de derechos fundamentales, sino que establece un nivel común de protección en el ámbito europeo. Su respeto está garantizado mediante el control jurisdiccional del Tribunal de Justicia de la Unión Europea y de los tribunales nacionales.

Los derechos y libertades reconocidos en la Carta no son absolutos y pueden estar sujetos a límites, siempre que estos estén previstos por la ley, respeten el contenido esencial del derecho y sean necesarios y proporcionales. Las limitaciones deben responder a objetivos de interés general reconocidos por la Unión o a la protección de los derechos de los demás. Este sistema de límites garantiza un equilibrio entre la protección de los derechos fundamentales y otros intereses legítimos.

La Carta se estructura en siete títulos, que agrupan los derechos y principios conforme a los valores fundamentales de la Unión Europea:

- Título I – Dignidad: protege la dignidad humana como valor inviolable, incluyendo el derecho a la vida, a la integridad personal y la prohibición de la tortura, la esclavitud y la trata de seres humanos.
- Título II – Libertades: recoge las libertades fundamentales, como la libertad personal, de pensamiento, expresión, reunión, educación, trabajo, empresa, propiedad y protección de la vida privada y de los datos personales.
- Título III – Igualdad: desarrolla el principio de igualdad ante la ley y la prohibición de discriminación, promoviendo la igualdad entre mujeres y hombres y la protección de colectivos vulnerables.
- Título IV – Solidaridad: reconoce derechos sociales y laborales, como condiciones de trabajo dignas, protección social, salud, conciliación familiar y protección del medio ambiente y de los consumidores.
- Título V – Ciudadanía: establece los derechos derivados de la ciudadanía de la Unión, como la participación política, la libertad de circulación, el derecho a una buena administración y el acceso a las instituciones europeas.
- Título VI – Justicia: garantiza la tutela judicial efectiva, el derecho a un proceso equitativo, la presunción de inocencia y los principios básicos del Derecho penal y procesal.
- Título VII – Disposiciones generales: regula el ámbito de aplicación, la interpretación de la Carta, los límites a los derechos y la relación con el Convenio Europeo de Derechos Humanos, asegurando la coherencia del sistema.

Glosario

Ámbito de aplicación

Conjunto de situaciones en las que la Carta es obligatoria: aplica a instituciones europeas y a Estados miembros cuando ejecutan Derecho de la UE.

Articulo 6.1 TUE

Precepto del Tratado de la Unión Europea que reconoce la Carta como jurídicamente vinculante y le otorga el mismo valor que los Tratados.

Ciudadanía de la Unión Europea

Condición de los nacionales de los Estados miembros que les otorga derechos específicos como libertad de circulación, derecho a voto en elecciones europeas y municipales y protección diplomática.

Convenio Europeo de Derechos Humanos (CEDH)

Tratado internacional que protege derechos fundamentales en Europa y sirve como referencia para la interpretación de la Carta.

Contenido esencial

Parte fundamental de un derecho que no puede ser vulnerada, incluso cuando se aplican limitaciones.

Dignidad humana

Valor fundamental de la persona que constituye la base de todos los derechos reconocidos por la Carta.

Derecho fundamental

Derecho reconocido a toda persona por su dignidad y libertad, que debe ser protegido frente a abusos de poderes públicos o privados.

Disposiciones generales

Normas que regulan la interpretación, alcance y aplicación de la Carta, incluyendo límites, relación con los Tratados y el Convenio Europeo de Derechos Humanos.

Estado miembro

País que forma parte de la Unión Europea y que debe respetar la Carta cuando aplica Derecho de la Unión.

Instituciones de la Unión Europea

Organismos que ejercen competencias de la UE, como el Parlamento Europeo, el Consejo, la Comisión Europea y el Tribunal de Justicia de la UE.

Justicia

Derechos y garantías que aseguran procesos judiciales justos, tutela judicial efectiva y respeto de la legalidad.

Libertades fundamentales

Conjunto de derechos que protegen la autonomía, la expresión, la reunión, la religión, el pensamiento y la actividad profesional.

No bis in idem

Principio jurídico que prohíbe que una persona sea juzgada o sancionada dos veces por el mismo hecho.

Principio de proporcionalidad

Criterio jurídico que establece que toda limitación a un derecho debe ser adecuada, necesaria y proporcionada al objetivo legítimo que se persigue.

Solidaridad

Principio que reconoce derechos sociales y económicos y la obligación de proteger el bienestar de la ciudadanía, fomentando la cohesión social.

Ejercicios de autoevaluación

1. ¿Cuál fue la finalidad principal de la Carta de los Derechos Fundamentales de la Unión Europea (CDFUE) al ser proclamada en 2000?

    a. Reemplazar los derechos nacionales de los Estados miembros.

    b. Crear un sistema de derechos independiente de la UE.

    c. Recopilar y sistematizar los derechos fundamentales en el ámbito de actuación de la UE.

    d. Limitar las competencias del Parlamento Europeo.

2. Antes del Tratado de Lisboa, la Carta de los Derechos Fundamentales tenía:

    a. Carácter vinculante para todos los Estados miembros.

    b. Valor meramente declarativo y funcionaba como referencia interpretativa.

    c. La misma fuerza jurídica que los Tratados.

    d. Alcance exclusivo sobre los derechos sociales.

3. El artículo 6.1 del Tratado de la Unión Europea (TUE) establece que la Carta:

    a. Solo tiene valor orientativo.

    b. Tiene el mismo valor jurídico que los Tratados.

    c. Aplica únicamente a los derechos civiles.

    d. Solo se refiere a los derechos de los funcionarios europeos.

4. Según el artículo 51 de la Carta, ¿cuándo están obligados los Estados miembros a respetarla?

    a. Siempre, en todos los ámbitos de actuación.

    b. Solo cuando aplican el Derecho de la Unión Europea.

    c. Únicamente cuando aprueban normativa nacional.

    d. Solo cuando los ciudadanos lo solicitan.

5. ¿Cuál de los siguientes NO es un límite permitido a los derechos y libertades reconocidos en la Carta según el artículo 52?

    a. Estar previsto por la ley.

    b. Respetar el contenido esencial del derecho.

    c. Ser proporcional y necesario.

    d. Vaciar de contenido el derecho afectado.

6. El Título I – Dignidad protege principalmente:

    a. La libertad de expresión y reunión.

    b. La dignidad humana, la integridad física y psíquica, la prohibición de tortura y esclavitud.

    c. Los derechos laborales y de seguridad social.

    d. La ciudadanía y la libertad de circulación.

7. El Título II – Libertades incluye, entre otros, los siguientes derechos:

    a. Derecho a la igualdad entre mujeres y hombres.

    b. Derecho a la protección de datos, libertad de expresión y de pensamiento.

    c. Derecho a la tutela judicial efectiva.

    d. Derecho a la seguridad social y a la asistencia sanitaria.

8. El principio de no ampliación de competencias de la Unión se regula principalmente en:

    a. Título III – Igualdad.

    b. Artículo 6.1 TUE.

    c. Título VII – Disposiciones generales.

    d. Título V – Ciudadanía.

9. ¿Cuál de los siguientes casos se encuentra dentro del ámbito de aplicación de la Carta?

a. Una ley nacional sin relación con Derecho de la UE.

b. Una actuación de un Estado miembro que aplica una directiva europea.

c. Derechos reconocidos exclusivamente en la constitución de un Estado.

d. Normativa de un municipio que no aplica Derecho de la UE.

10. El Título VI – Justicia garantiza, entre otros, los siguientes derechos:

a. Derecho a la vida, integridad física y prohibición de tortura.

b. Derecho a la educación y a la libertad profesional.

c. Derecho a la tutela judicial efectiva, proceso equitativo y presunción de inocencia.

d. Derecho a la negociación colectiva y huelga.

Aplicaciones prácticas

Aplicación práctica. 1. Vinculación de la Carta en actuaciones de la UE y los Estados miembros

Una empresa multinacional con sede en un Estado miembro de la UE recopila información personal de ciudadanos europeos para enviar publicidad personalizada.

Algunos clientes reclaman que sus datos fueron tratados sin su consentimiento y solicitan la intervención de la autoridad nacional de protección de datos.

- ¿Qué derechos de la Carta de los Derechos Fundamentales están implicados en este caso?
- ¿Qué instituciones pueden intervenir para garantizar la protección de estos derechos?
- ¿Qué principios debe aplicar la empresa para cumplir con la Carta?

Aplicación práctica 2. Igualdad de los ciudadanos europeos frente a los nacionales del Estado miembro

María, ciudadana española, se muda a otro Estado miembro de la Unión Europea para trabajar. Al llegar, descubre que las autoridades locales le exigen documentación adicional para poder registrarse como residente y acceder a servicios básicos, algo que no se exige a los ciudadanos nacionales.

Además, desea inscribirse para votar en las elecciones municipales, pero le informan que no tiene derecho a participar.

- ¿Qué derechos reconocidos por la Carta se ven afectados en este caso?
- ¿Cómo garantiza la Carta la igualdad de los ciudadanos europeos frente a los nacionales del Estado miembro?
- ¿Qué medidas puede tomar María para defender sus derechos?

Aplicación práctica 3. Vulneración de los derechos fundamentales

El Parlamento Europeo aprueba una directiva sobre comercio digital que obliga a todas las plataformas online a almacenar datos de comportamiento de los usuarios durante 10 años para fines de seguridad y control de fraude.

Una ONG denuncia que la directiva vulnera los derechos fundamentales y pide que se declare nula ante el Tribunal de Justicia de la Unión Europea (TJUE).

- ¿Qué papel tiene la Carta de los Derechos Fundamentales en la valoración de esta directiva?
- ¿Qué criterios debe aplicar el TJUE para decidir sobre su validez?
- ¿Qué consecuencias tendría una declaración de nulidad de la directiva para los Estados miembros?

Ejercicio de evaluación final

1. **¿Qué tipo de derechos incorpora la Carta de Derechos Fundamentales además de los civiles y políticos?**

   a. Derechos exclusivos de los Estados miembros.

   b. Derechos económicos, sociales y colectivos.

   c. Solo derechos administrativos

   d. Derechos de naturaleza económica sin cobertura social

2. **La Carta se convirtió en Derecho primario de la UE tras:**

   a. La Proclamación en Niza (2000).

   b. El Tratado de Lisboa (2009).

   c. La Convención Europea de Derechos Humanos.

   d. La firma del Tratado de Maastricht.

3. **La Carta se utiliza como criterio de interpretación por:**

   a. Tribunales nacionales y TJUE.

   b. Solo por parlamentos nacionales.

   c. Solo por empresas privadas.

   d. Solo en casos de legislación laboral.

4. **Una de las fuentes de la Carta son:**

   a. La Constitución de EE. UU.

   b. Las tradiciones constitucionales comunes de los Estados miembros

   c. Normativa de la ONU sobre comercio

   d. Leyes municipales locales

5. El control jurisdiccional de la aplicación de la Carta corresponde principalmente a:

a. Parlamento Europeo.

b. Tribunal de Justicia de la Unión Europea.

c. Consejo de la Unión Europea.

d. Comisión Europea únicamente.

6. Según la Carta, el derecho a la protección de los datos personales protege:

a. Solo datos financieros.

b. La información personal de los ciudadanos frente a usos indebidos.

c. Únicamente datos de menores.

d. Datos de empresas privadas.

7. La Carta no puede invocarse para:

a. Reforzar derechos fundamentales.

b. Obligar a un Estado miembro a actuar en un ámbito puramente interno sin relación con la UE.

c. Controlar la legalidad de actos de la UE.

d. Servir de referencia interpretativa para tribunales.

8. Los principios que debe respetar cualquier limitación de los derechos según el art. 52 incluyen:

a. Discrecionalidad del Estado.

b. Proporcionalidad y respeto al contenido esencial.

c. Supremacía del interés empresarial.

d. Ausencia de justificación legal.

9. La prohibición de la tortura y penas inhumanas pertenece a:

a. Título II.

b. Título I.

c. Título IV.

d. Título VI.

10.La Carta busca armonizar los niveles de protección de derechos fundamentales entre:

a. Los Estados miembros y sus municipios.

b. La UE y los Estados miembros.

c. La UE y organismos internacionales únicamente.

d. Parlamentarios europeos y nacionales.

11.La Carta reconoce derechos específicos de los trabajadores, como:

a. El derecho a huelga y negociación colectiva.

b. Derecho a recibir un salario mínimo solo.

c. Derecho a la propiedad privada.

d. Libertad religiosa en la empresa.

12.La Carta protege la igualdad de trato frente a discriminación por:

a. Color de ojos.

b. Sexo, raza, origen étnico, discapacidad, orientación sexual.

c. Preferencias musicales.

d. Lugar de vacaciones.

13.El derecho de sufragio activo y pasivo de los ciudadanos de la UE se regula en:

    a. Título V.

    b. Título III.

    c. Título IV.

    d. Título II.

14.El derecho a un juicio justo y público está recogido en:

    a. Título II.

    b. Título VI.

    c. Título I.

    d. Título IV.

15.La Carta establece que los derechos reconocidos por los Tratados de la UE se ejercen:

    a. Sin limitación alguna.

    b. Dentro de los límites y condiciones definidas por dichos Tratados.

    c. Solo si los Estados lo permiten.

    d. Exclusivamente en procedimientos judiciales.

16.El contenido esencial de los derechos fundamentales garantiza que:

    a. Pueden ser eliminados temporalmente.

    b. No pierdan eficacia real incluso frente a limitaciones.

    c. Solo se aplica a derechos civiles.

    d. Se subordinan siempre al interés económico.

17.La Carta de Derechos Fundamentales se redactó mediante:

a. Una convención con representantes de Estados miembros, Parlamento, Comisión y parlamentos nacionales.

b. Una reunión de la Comisión Europea únicamente.

c. El Tribunal de Justicia de la UE

d. Una iniciativa de ONG europeas.

18.Uno de los objetivos de la Carta es:

a. Limitar la integración europea.

b. Reforzar la seguridad jurídica y visibilidad de los derechos.

c. Sustituir las constituciones nacionales.

d. Aplicarse solo a empleados públicos europeos.

19.La Carta incorpora derechos de tercera generación, como:

a. Derecho a la vida y prohibición de tortura.

b. Protección de datos personales y buena administración.

c. Derecho al voto municipal.

d. Libertad religiosa únicamente.

20.Cuando existe conflicto entre la protección nacional y la Carta, debe aplicarse:

a. La protección más favorable para la persona, respetando la primacía del Derecho de la UE.

b. Siempre la ley nacional.

c. La decisión de la Comisión Europea sin considerar tribunales.

d. El criterio del Estado miembro con mayor población.

Solucionario

Derechos fundamentales de la Unión Europea

1. c

2. b

3. b

4. b

5. d

6. b

7. b

8. c

9. b

10. c

Bibliografía

Legislación

Carta de los Derechos Fundamentales de la Unión Europea, proclamada el 7 de diciembre de 2000 y con valor jurídico vinculante desde el 1 de diciembre de 2009.

Convenio Europeo para la Protección de los Derechos Humanos y de las Libertades Fundamentales (CEDH), hecho en Roma el 4 de noviembre de 1950.

Ley 39/2015, de 1 de octubre, del Procedimiento Administrativo Común de las Administraciones Públicas.

Ley 40/2015, de 1 de octubre, de Régimen Jurídico del Sector Público.

Ley Orgánica 3/2018, de 5 de diciembre, de Protección de Datos Personales y garantía de los derechos digitales.

Real Decreto Legislativo 2/2015, de 23 de octubre, por el que se aprueba el texto refundido de la Ley del Estatuto de los Trabajadores.

Reglamento (UE) 2016/679 del Parlamento Europeo y del Consejo, de 27 de abril de 2016, relativo a la protección de las personas físicas en lo que respecta al tratamiento de datos personales y a la libre circulación de estos datos (Reglamento General de Protección de Datos – RGPD).

Webgrafía

Aplicación nacional de la Carta de Derechos Fundamentales de la UE

https://www.cepc.gob.es/publicaciones/revistas/revista-de-derecho-comunitario-europeo/numero-61-septiembrediciembre-2018/la-aplicacion-nacional-de-la-carta-de-derechos-fundamentales-de-la-ue-una-simple-herramienta-de-0

Carta de los Derechos Fundamentales de la Unión Europea

https://eur-lex.europa.eu/ES/legal-content/summary/charter-of-fundamental-rights-of-the-european-union.html